~~Irr~~wege zum Ruhm *Iw*

Weltliteratur in Korrektur

Thomas Böhm | Philipp Graf | Janine Stratmann

~~Irr~~wege *IW*
zum Ruhm

Weltliteratur in Korrektur

Dudenverlag

Berlin

~~Prolog~~

WESEN UND WIRKEN DES OPTISCHEN LEKTORS IN DER WELTGESCHICHTE

Einer der ältesten überlieferten altgriechischen
Texte, ein „Fragment der Vorsokratiker", datierbar
auf das 5. Jahrhundert v. Chr., gilt als erstes
Zeugnis des allumfassenden korrigierenden Wirkens des
Optischen Lektors — *OL* — in der Weltgeschichte.
Die Übersetzungsvarianten dieses dem Philosophen
Heraklit zugeschriebenen Fragments lauten: „Alles
regelt der Lektor", „Der Blitz steuert alles"
oder „Alles regelt der Lektor wie ein (der) Blitz".

Die hier gleichsam „blitzartig" aufscheinende Verbin-
dung von Himmelsmacht und berichtigender Veränderung
ist geprägt von der ersten großen Leistung des *OL*, der
vorgeschichtlichen Sortierung des Sternenhimmels.
Bestand das Universum zunächst aus einer unsinnlichen
Reihung von Sternen und Wurmlöchern, ordnete der *OL*
die Himmelskörper zu den bis heute problemlos erkenn-
baren und für ihre zeitlose Poesie geschätzten
88 Sternbildern und gab ihnen die Namen von Alltags-
gegenständen, Tieren oder mythologischen Gestalten.

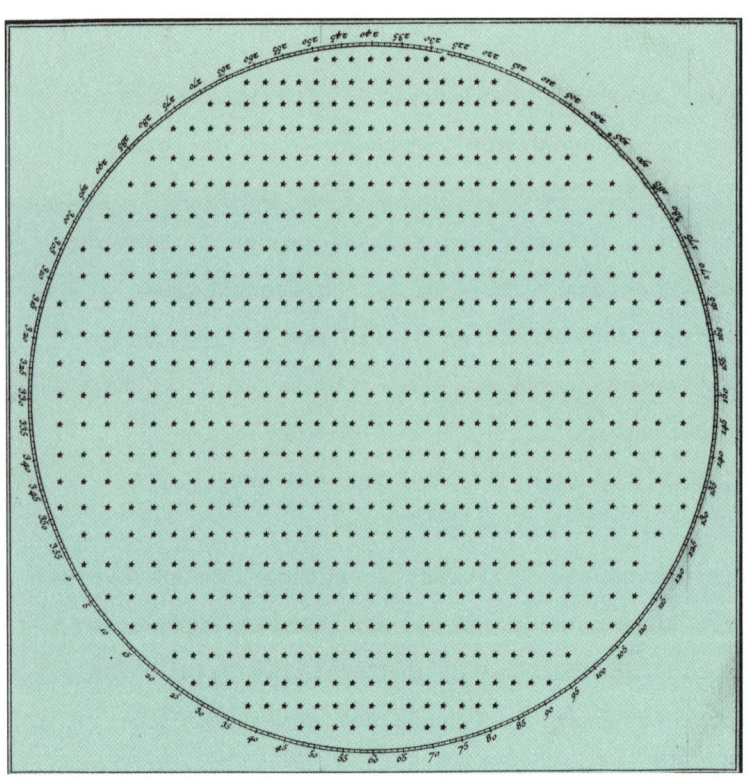

Kosmologisches Prinzip vor OL

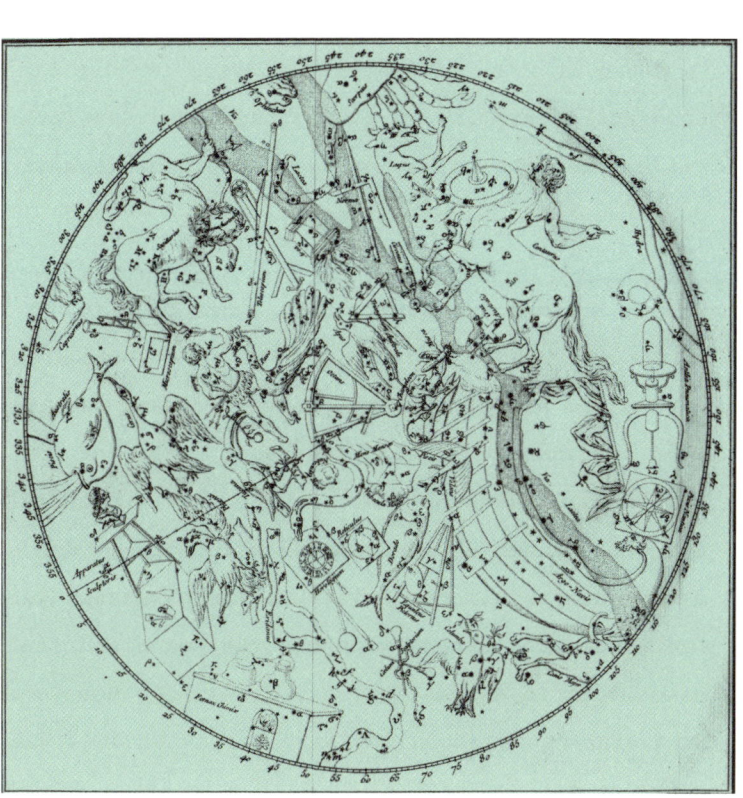

Sternenhimmel in geläufiger Optik nach OL

Die in dieser Ordnung zum Ausdruck kommende Pflege
des Populären bei gleichzeitiger Wahrung des pädago-
gischen Augenmaßes zeigt sich auch bei den vom *OL*
vorgenommenen Korrekturen der frühen Höhlenzeichnungen,
in denen er z. B. ausgestorbene Tierarten wie die
Dinosaurier strich, um so auch späteren Generationen
die problemlose Orientierung in der Gedankenwelt
der Urmenschen zu ermöglichen.

Da die Methode der Streichung um das Jahr 40 000
v. Chr. noch relativ unterentwickelt war — Streichungen
wurden mit nassem Schwamm unmittelbar auf der Höhlenwand vorgenommen —, sind sie heute nicht auf den
ersten Blick sichtbar, wie anhand zweier Beispiele
aus der Chauvet-Höhle deutlich wird, die zu den
ältesten menschlichen Felsenbildern gerechnet werden.
Die Streichung eines Tyrannosaurus Rex hinterließ
eine Lücke in einem Bild, die Streichung der Darstel-
lung eines wahrscheinlich unzüchtigen Umgangs vom
Menschen mit dem Tier hinterließ eine leere Höhlenwand.

Höhlenmalerei

Korrigierte Höhlenmalerei

Die letztgenannte Tilgungskorrektur darf jedoch nicht
als Ausweis eines allein den Menschen in den Mittel-
punkt stellenden Weltbildes des *OL* missverstanden werden.
Dass sich der *OL* der Verständigung zwischen Mensch
und Tier hingebungsvoll gewidmet hat, zeigen nicht nur
die von ihm durchgeführten Korrekturen der Tierspuren,
die er säuberlich trennte und damit zu einem störungs-
freien Wildverkehr wie auch zur jagdlichen Hege und
Pflege beitrug.

Auch die Überarbeitung der Tiersprachen, die zu der
artgerechten Entwicklung und Unterscheidbarkeit der
einzelnen Tierlaute führte, gehört zu den Großwildtaten
des *OL* im Reich der Tiere. Die Bedeutung dieser
Leistung wurde nachhaltig von Franz von Assisi gewür-
digt, der die vom *OL* klangkorrigierte Vogelsprache
erlernte und u. a. mit Amsel, Drossel, Fink und Star
ins Gespräch kam, die dem Heiligen die Wertschätzung
des *OL* in der Welt der Vögel bestätigten.

Gute 300 Jahre nach dem heiligen Franz konnten weitere
Südeuropäer wie Vasco da Gama und Christoph Kolumbus
von den Korrekturen profitieren, die der *OL* an den von
den Zeitgenossen verwendeten Karten und Atlanten vornahm.

Wildwechsel

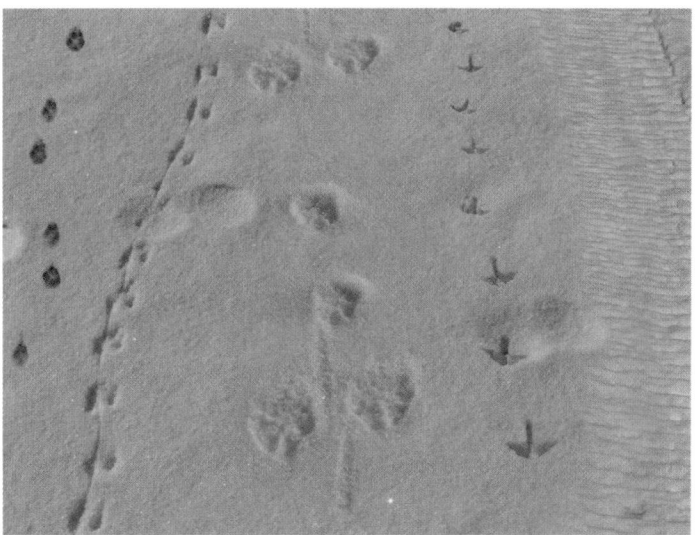

Spursortierung

Er behob deren Fehlerhaftigkeit, indem er kurzerhand alle bis dato der europäischen Öffentlichkeit unbekannten Kontinente ergänzte und bei dieser Gelegenheit auch die kürzesten Routen dorthin eintrug. Mit „Abkürzungen" wie dem Suez- und dem Panamakanal, die er im Zuge dieser Weltbildveränderung einführte, war der *OL* seiner Zeit — nicht zum ersten Mal — voraus.

Ermittlung der kürzesten Routen

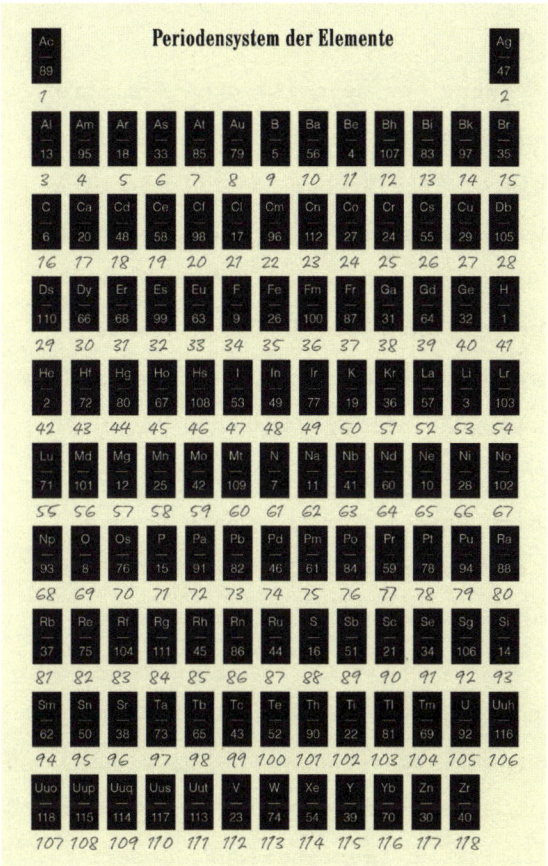

Das Periodensystem der Elemente vor OL

Die großen „Entdeckungen", die durch den *OL* ermög-
licht wurden, beschränkten sich nicht allein auf die
Geografie. Indem er das ursprünglich alphabetisch sor-
tierte Periodensystem in eine chemisch sinnvolle Ordnung brachte, schuf der *OL* einen „Stein der Weisen",
auf dem bis heute die chemische Forschung beruht.

Auch auf die Ausformung der neuzeitlichen Biologie hatte der *OL* erheblichen Einfluss. Das von ihm in die Vererbungslehre eingeführte Symbol „X" bildete eine Grundlage für die späteren „mendelschen Regeln". Der wohl weitreichendste Einfluss des *OL* auf dem Gebiet der Vererbungslehre ist aber der jahrzehntelange Disput mit Charles Darwin, den der *OL* — nicht zuletzt dank seiner Beherrschung der Tiersprachen (eine Fähigkeit, die zu erlernen Darwin sich weigerte) — schließlich für sich entschied. Er konnte Darwin überzeugen, dass der Mensch vom Affen und nicht, des aufrechten Ganges wegen, vom Pinguin abstamme.

Dass zuweilen die Erfindungen des *OL* auch von anderen gewinnbringend genutzt werden konnten, zeigt das Beispiel des Mikroskops, das vom *OL* erfunden wurde, um kleinste Satzfehler zu identifizieren. Robert Koch zweckentfremdete es später zur Entdeckung des Tuberkulose-Erregers.

Im 20. Jahrhundert, dem Zeitalter der Massenmedien und der Populärkultur, richtete der *OL* sein Augenmerk auf das Gemeinwohl und das Detail. So gelangen ihm gleich zwei bis dahin menschheitsgeschichtlich nicht für möglich gehaltene Durchbrüche auf dem Gebiet der

Gastronomie: ein fehlerfreies Notationssystem für die Registrierung konsumierter Getränke sowie eine als „Rezept" bekannt gewordene literarische Gattung, deren charakteristische Merkmale die Angabe von Gewicht bzw. Menge und die Beschreibung der Verarbeitung der Zutaten sind.

Notation nach der Bierfuizlrevolution um 1880

Anstößige Beflockung

Den Höhepunkt seiner Bekanntheit erreichte der *OL*
vorerst 1954, als er vor dem Endspiel der Fußballwelt-
meisterschaft zwei fehlerhaft geschriebene Namen auf
den Trikots der ungarischen Nationalmannschaft entdeckte und eine sofortige Umbeflockung veranlasste, der
auch der einsetzende Regen im Berner Wankdorfstation
nichts anhaben konnte. Bis heute sorgt der *OL* bei
allen internationalen Fußballturnieren für die richtige
Schreibweise der Spielernamen auf den Trikots. Angesichts von über einer Milliarde Fernsehzuschauern in
aller Welt ist die fehlerfreie Trikotbeflockung der wohl
augenfälligste Beweis für das segensreiche Wesen und
Wirken des *OL* in der Weltgeschichte, dem wir bei
jedem Blick in die Sterne, jedem Vogelzwitschern, das
wir eindeutig dem Sänger zuordnen können, jedem Weg,
der uns ans Ziel führt, und jedem Genießen eines wohl-
schmeckenden Mahls in Ehren gedenken sollten.

Und wenn wir die Zeugnisse vom Handeln des *OL* fotogra-
fieren oder unseren Liebsten fernmündlich davon berichten,
halten wir einen Gegenstand in Händen, der ohne den
OL sicher nicht in seine heutige Form gefunden hätte:
das mobile Telefon. Denn es war der *OL*, der Steve
Jobs' Rede überarbeitete, mit der dieser das Gerät
vorstellte:

Steve Jobs

REDEMANUSKRIPT VORSTELLUNG
~~MYLITTLEPHONI~~ *Anderer Name !*

Heute stellen wir Ihnen gleich sieben neue Produkte in einem vor:

1.   Ein Fahrrad für den Geist

2.   Einen tragbaren Minifernseher

3.   Einen MP3-Player mit Touchscreen

(WARTEN AUF APPLAUS)

4.   Ein tolles Mobiltelefon

(WARTEN AUF APPLAUS)

5.   Ein Internet-Surfboard

(WARTEN AUF APPLAUS)

6.   Ein virtuelles Schweizer Taschenmesser

7.   Ein Pfadfinder-Spiel

Auf drei Funktionen reduzieren und auf das Design achten ! ! !

Auf den folgenden Seiten dokumentieren wir die Leistungen des *OL* auf dem Gebiet, das wie kein zweites von ihm profitiert hat: der Weltliteratur.

Auch wenn nahezu alle großen Werke der Weltliteratur durch den Einfallsreichtum, das Einfühlungsvermögen, die visuelle Auffassungsgabe (aufgrund derer er sich rasch seinen Namen als *„Optischer Lektor"* machte) und — im positiven Sinne — Unberechenbarkeit des *OL* geprägt wurden, trat er, seiner grenzenlosen Bescheidenheit folgend, nie in Erscheinung, sondern überließ den Autorinnen und Autoren den Ruhm.

Berlin, im Juni 2018
Janine Stratmann, Philipp Graf und Thomas Böhm

~~Wege~~

~~zum~~

~~Weltruhm~~

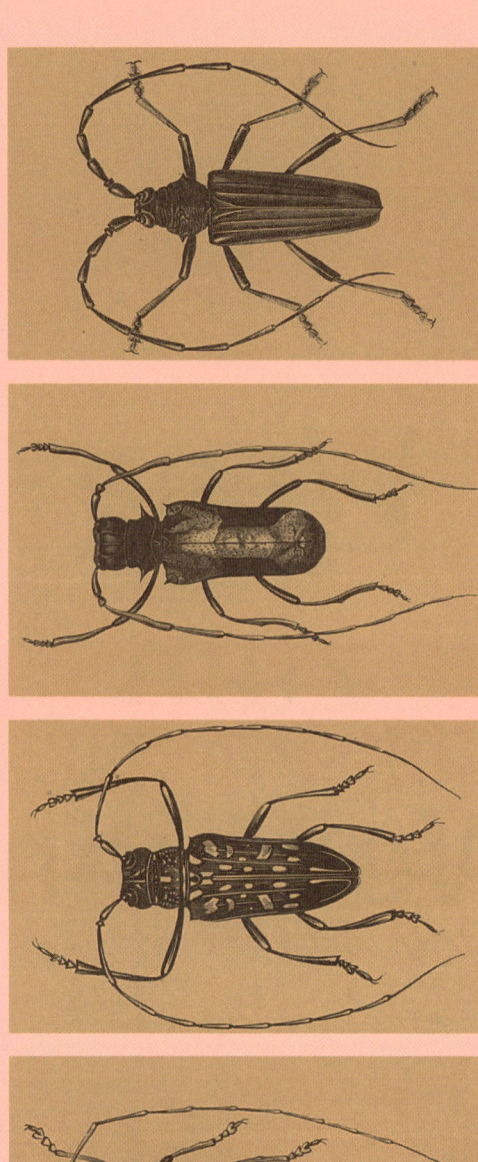

Moses

SCHÖPFUNGSBERICHT

… Am 5. Tag ~~um 9 Uhr~~ schuf Gott

~~den Cerambix Mirbeckii.~~

~~Am 5. Tag um 9.13 Uhr schuf Gott~~

~~den Petrognathus gigas.~~

~~Am 5. Tag um 9.25 Uhr schuf Gott~~

~~den Stellognatha maculata.~~

~~Am 5. Tag um 9.38 Uhr schuf Gott~~

~~den Sternotomis aper~~ …

allerlei Gewürm.
Und Gott sah, dass es gut war.

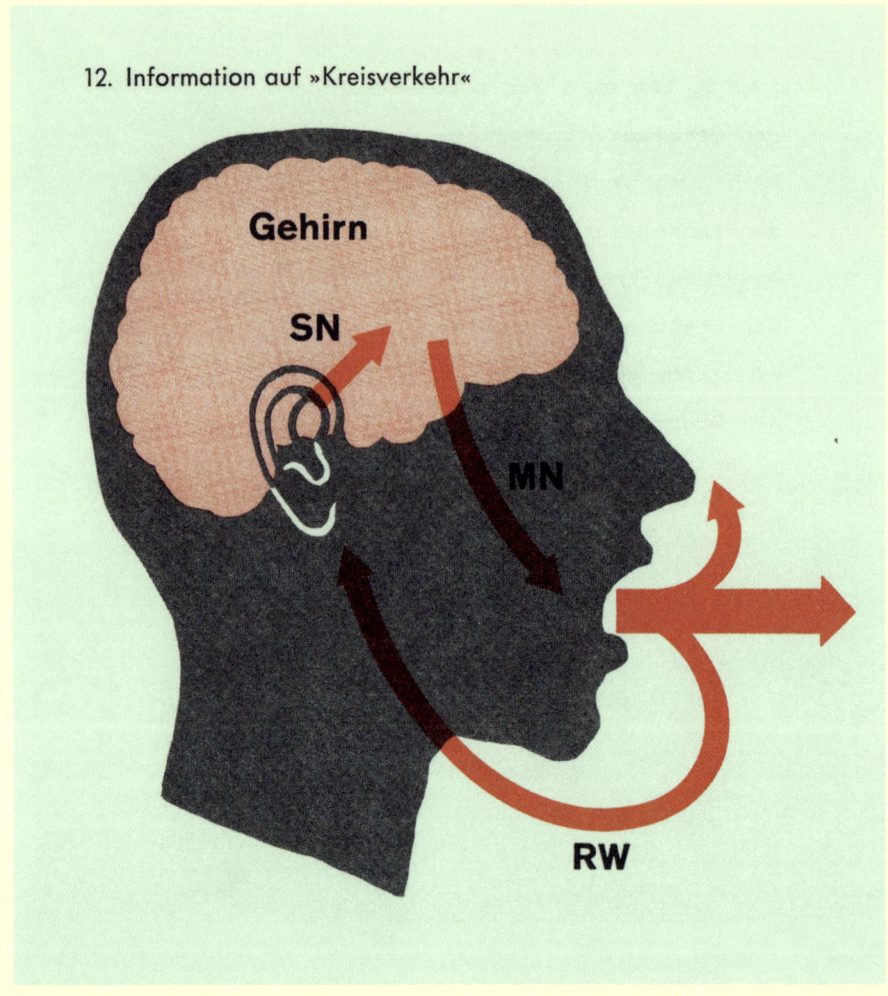

12. Information auf »Kreisverkehr«

Ernest Hemingway

DER ALTE MANN UND DAS MEER

~~Es~~ war ~~einmal~~ ein alter Mann und er | Er

fischte allein auf seinem Boot im

Golfstrom, und seit vierundachtzig

Tagen hatte er keinen Fisch

gefangen. ~~Da erinnerte er sich an~~

~~eine Geschichte: Es war einmal~~

~~ein alter Mann und er fischte allein~~

~~auf seinem Boot im Golfstrom, und~~

~~seit vierundachtzig Tagen hatte er~~

~~keinen Fisch gefangen. Da erinnerte~~

~~er er sich an eine Geschichte: Es~~

~~war einmal ein alter Mann und er~~

~~fischte …~~

Finger weg
von der Flasche!

Antoine de Saint-Exupéry

DER ~~KING~~ *kleine Prinz*

~~Er so: Kuck dich doch mal an, Mann!~~

~~Ich so: Mann, kuck Dich doch mal selber an!~~

Man sieht nur mit dem Herzen gut.
Das Wesentliche ist für die Augen unsichtbar.

~~Er so: Du kommst hier nicht rein!~~

~~Ich so: Ey, weisst Du nicht wer ich bin?~~

Der Mensch ist umso größer,
je mehr er er selbst ist.

~~Ich so: Was willst Du?~~

~~Er so: Was willst Du?~~

Die Menschen haben keine Fantasie.
Sie wiederholen, was man ihnen sagt.

~~Er so: Von wo kommst Du denn her?~~

~~Ich so: Machst du mich an, oder was?~~

Ein Mensch verdient Achtung, egal welche
Ideen er vertritt. So sieht meine Kultur aus.

Heinrich Heine

SONNENUNTERGANG

~~Sonnenuntergang.~~
~~Stehend, seufzend: Frau am Meer~~
~~Endlos Nacht in ihr.~~

Das Fräulein stand am Meere
Und seufzte lang und bang,
Es rührte sie so sehre
Der Sonnenuntergang.

Mein Fräulein! Sein Sie munter,
Das ist ein altes Stück;

Denn immer immer wieder geht die Sonne auf,
denn Dunkelheit für immer gibt es nicht.
Die gibt es nicht.
Die gibt es nicht.

Take it easy, altes Haus!

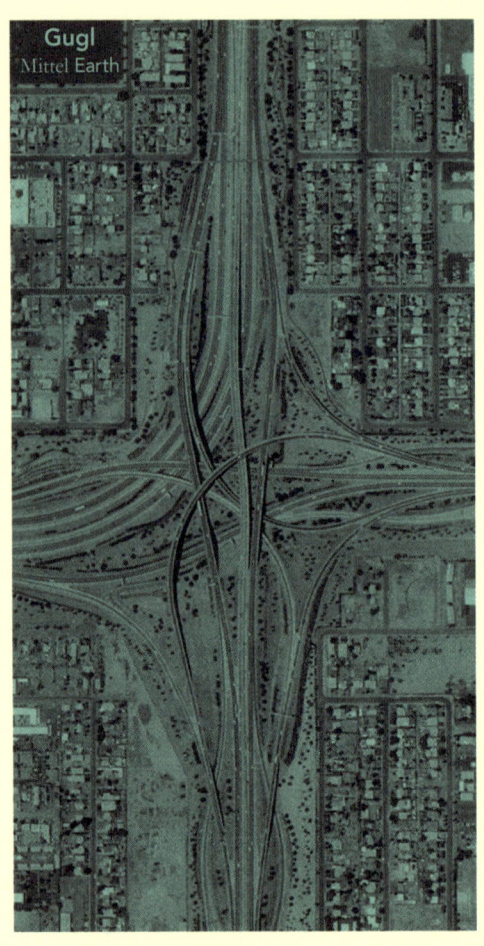

J. R. R. Tolkien

DER HERR DER RINGE

Gandalf hielt inne.

„Was ich noch fragen wollte:

Hast du eigentlich gestern den Ring

bei Sauron reingeworfen?"

Bilbo strahlte.

„Klar, lag auf dem Weg. Der 247er

hält ja direkt vor seinem Tor."

Transportprobleme einbauen!

*Zu viel Infrastruktur
ist immer schlecht für die Story.*

Richard Wagner

DER RING DES NIBELUNGEN

Verfluchtes Licht!

Was flammt dort die Luft?

Was flackert und lackert,

was flimmert und schwirrt,

was schwebt dort und webt

und wabert umher?

Da glimmert's und glitzt's

in der Sonne Glut!

Was säuselt und summt

und saust nun gar?

Es brummt und braust

und prasselt hieher!

Dort bricht's durch den Wald,

will auf mich zu!

Evtl. mit Musik kombinieren?

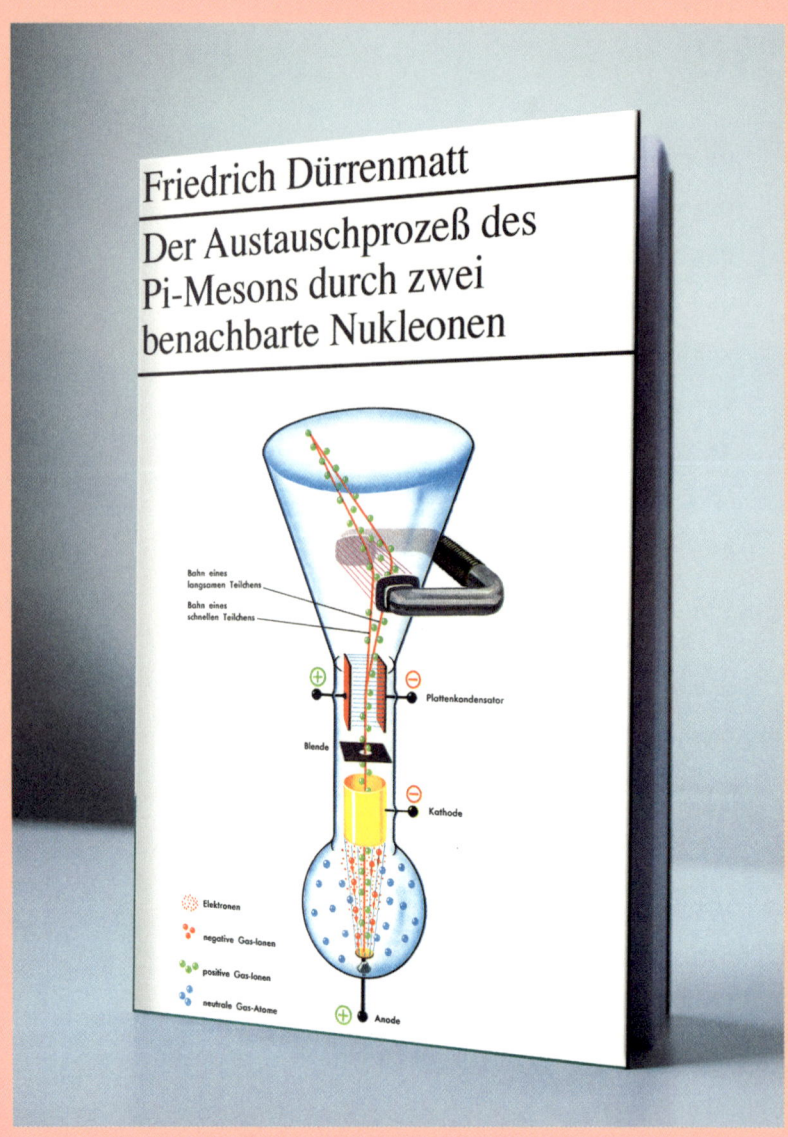

Friedrich Dürrenmatt

~~DER AUSTAUSCHPROZESS DES PI-MESONS DURCH ZWEI BENACHBARTE NUKLEONEN~~

Die Physiker

Hergé

TIM ~~UND STRIPPI UND STRAPPI~~ UND STRUPPI

Die Dopplung an sich ist eine schöne
Idee, aber nicht beim Hund.

Abb. li. o.: ich als Old Shatterhand
Abb. re. o.: ich als Karl Ben Nemsi
Abb. li. u.: ich als Polizist (links, mit Houdini)
Abb. re. u.: ich als Feuerwehrmann

Karl May

IN 40 TAGEN ZUM MARS – HIN UND ZURÜCK

Der Justiziar sagt, uns droht eine Klage, wenn du weiterhin behauptest, das Buch sei autobiografisch.

Der ehrwürdige Stammesführer der Grünhäute sah mich mit seinen Antennenaugen an und sprach: „Bringe diese Nachricht zur Mitte der Mitte des Universums: nach Deutschland. Wir Marsianer wollen mit dem weißen Mann in Berlin in Frieden leben. Du, größter Weltraumfahrer, sollst unser Botschafter sein. Zum Zeichen gebe ich Dir dieses Schwert aus Licht."

Ich griff in meinen Geschenkebeutel und gab ihm zum Dank einen Wimpel der großen Stadt Radebeul. Beim Anblick des darauf befindlichen Weinlaubs traten Intschu Dintschu Tränen in die Augen. Mit brechender Stimme brachte er hervor: „Und nie werden wir Dir vergessen, dass Du uns gelehrt hast, Brüderschaft zu trinken. Wir werden diesem edlen Brauch bei jedem Aufgang und Untergang der Erde am Firmament frönen und auf Deine Rückkehr warten."

Shakespeare
KOMMÖDIEN, HISTORIEN UND TRAGÖDIEN

Die Autorin studierte Wirtschafts-
wissenschaften und antike Literatur
in Verona, Birmingham und an der
theologischen Fakultät Paderborn.
Anschließende Wirkungsstellen in der
Domprobstei und als Delegationsrätin.
Übersetzte Schriften aus dem Lateini-
schen und führte Protokoll zu Gericht.
Ihre Leidenschaften gelten der Fuchs-
jagd, gebutterten Scones und dem
Memorieren historischer Schriften.
Sie lebt zur Zeit mit Familie in
Stratford-upon-Avon und betreibt dort
die Gaststätte „The Globe and the
white Swanneth".

Wen interessiert's?

Arno Schmidt

IN STEIN   Zettel's Traum

Nimm Papier!
(Es wird sonst zu schwer.)

Thomas Bernhard

9. PSALM

Ich fürchte mich nicht mehr. /

Ich fürchte nicht mehr, /

was kommen wird./ Mein Hunger ist

ausgelöscht, / meine Qual ist

ausgetrunken, /mein ~~Anettchen~~|macht *|Tod*

mich glücklich. / Ich hebe meine

~~Liebste~~| / in den ~~Himmel~~. / In *|Fische ⌐Berg*

meiner Lieb', ist alles / was ich

sehnte. / Mein lieb' Anettchen ist,-

/ und meine Lieb' ist mein Anettchen.

/ Ich werde sagen, / wie herrlich die

Erde ist / wenn ich komme, // Wie

herrlich die Erde ist … // Ohne mich

fürchten zu müssen … / Ich sehne, /   *Müll !*

daß mich Anettchen empfängt.

Geh, Thomas, ich bitt' dich !
Denk an dein Image ! (Meint Siegfried auch.)

107. Junger Rotluchs

Astrid Lindgren
PIPPI LANGSTRUMPF

16.2.

IDEE: DIE LANGSTRUMPFS —

Der kleine Tommy hat zwei Katzen
und spielt den ganzen Tag nur
Streiche.

Wie wäre es
mit einem starken
Mädchencharakter?

10.3.

~~Nachbarsjunge Tommy~~ kann fliegen.

Nenn sie Pippi!
In die Richtung weiterdenken!

01.4.

Pippis Eltern sind ein Pferd und
ein Affe, können aber sprechen.

Too much! Aber das pädagogische Element ist gut.

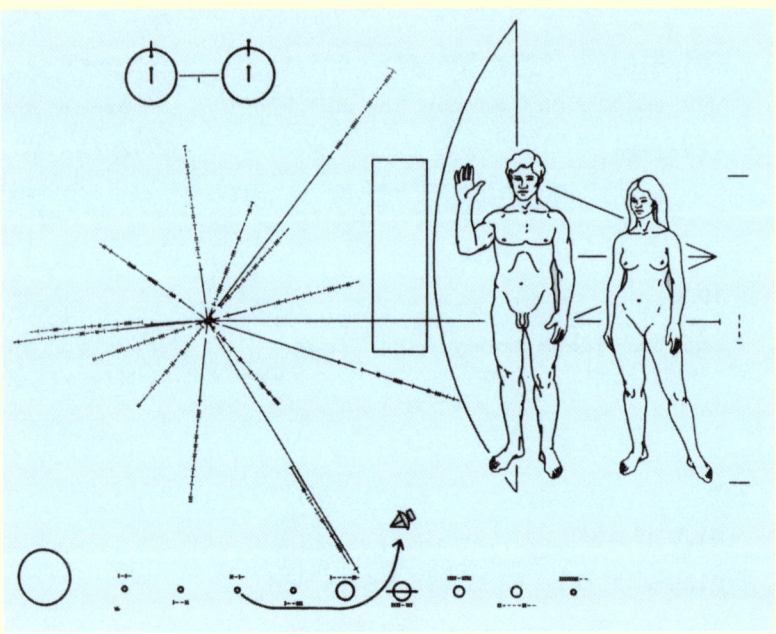

Daniel Defoe

ROBINSON CRUSOE

Zunächst brachte ich ihm bei, dass
er Freitag heißen solle, weil ich
an diesem Tage ihm das Leben
gerettet hatte. ~~Mein neuer Gefährte~~
~~lernte schnell meine Sprache und~~
~~so erfuhr ich, dass sein Stammes-~~
~~name übersetzt soviel hieß wie~~
~~»Ein Stein«. Er brachte mir alles~~
~~über die Zeit, das Licht und~~
~~die Körper bei.~~

On March 8th,
All Becomes Crystal Clear

Breaking
Stahl

Ernst Jünger

IN STAHLGEWITTERN

Es begann zu regnen. Ich füllte den
Stahlhelm mit Wasser, das sich
vom Blut des Franzosen, dem ich ihn
entrissen hatte, rot verfärbte.
Da das gewaltige Feuer des Gegners
nicht nachließ, aber doch begann,
mich zu langweilen, veranstaltete ich
im Erdboden vor mir eine subtile Jagd
und entdeckte binnen Kurzem ein
Exemplar von Armenosoma atrum, das
ich augenblicklich in den Mund
führte. Als ich den Panzer des
Prachtkäfers mit der Zunge ertastete,
breitete sich ein Geschmack nach
Schokolade am Gaumen aus. Ein
überwältigender Tatendrang durchschoss
mich. Ich schnappte mein Gewehr,
schoss aus dem Graben, drang in die
Stellung der Franzosen ein, die ich
mit wildem Feuer und gezielten
Granatenwürfen in kürzester Zeit
erledigte.

*Panzerschokolade ?
Was soll das sein ! ?*

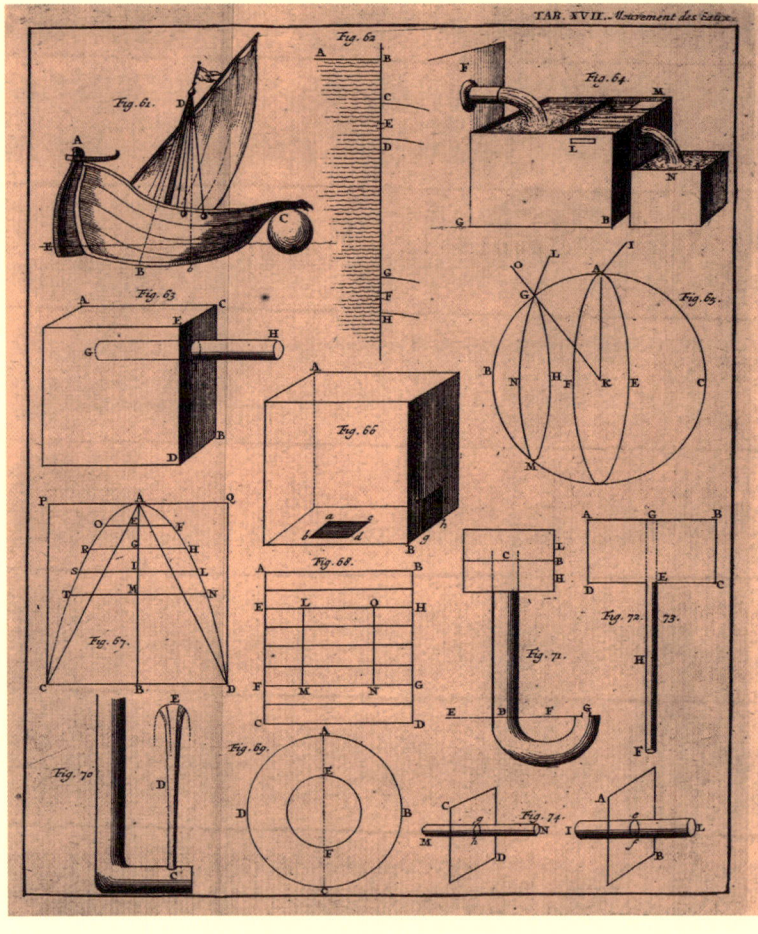

Agatha Christie
TOD AUF DEM NIL

Poirot: Ich wäre nicht Forensiker,

Physiknobelpreisträger, Deerstalker-

Träger und Vorsitzender der deutschen

Dracula-Gesellschaft, wüsste ich

nicht, dass die Kugel C in Linnet

Doyles Kopf (Fig 61) in einem Verhältnis

von O zu K (Fig 65) eintraf, aufgrund

des Wasserstandes (Fig 64) aber nur

deswegen dem Überlauf (ebd.)

standhielt, weil sich E zu B zu F und

G (Fig 71) verhält wie …

Komplex ist gut,
aber halt es klassisch …

ERDE: VIEHBESTAND, LANDNUTZUNG

Viehbestand wichtiger Staaten (in 1000 Stück):

Staat	Jahr	Rinder	Schafe	Schweine	Ziegen	Pferde
Argentinien	1952	45 263	51 172	3 000	4 934	7 265
Australien	1953	15 247	117 646	1 022	.	895
Belgien	1953	2 151	124	1 369	73	227
Brasilien	1952	55 854	15 891	27 801	8 526	7 111
China	1950	18 200	10 450	59 510	13 976	2 023
Dänemark	1953	3 070	51	3 588	4	397
Deutschl. (BRD).	1955	11 521	1 226	14 525	891	1 172
Frankreich......	1952	16 281	7 585	7 222	1 297	2 333
Großbritannien..	1953	10 444	21 655	4 962	37	374
Indien	1952	150 298	39 975	4 173	47 121	1 520
Indonesien	1951	4 230	2 008	1 198	4 376	508
Irland	1952	4 397	2 857	719	48	342
Italien	1952	8 690	10 002	4 212	2 253	733
Japan	1953	2 825	578	799	466	1 091
Jugoslawien	1953	4 995	10 518	3 990	728	1 127
Kanada	1953	8 906	1 015	5 498	18	1 096
Kolumbien	1951	15 512	1 500	2 782	638	1 298
Mexiko.........	1950	14 700	5 100	5 704	6 946	2 722
Neuseeland	1953	5 446	35 384	573	.	158
Niederlande	1953	2 920	383	1 843	.	246
Österreich	1955	2 304	297	2 803	280	245
Pakistan	1952	24 069	6 570	104	10 067	494
Schweden	1953	2 427	224	1 390	15	362
Schweiz........	1953	1 635	190	1 007	147	128
Sowjetunion	1952	56 600	89 200	26 700	30 000	15 300
Spanien	1953	3 184	20 500	5 709	7 184	650
Südafr. Union...	1952	11 768	34 823	1 315	5 400	676
Türkei	1953	11 708	24 833	7	18 465	1 216
USA...........	1954	94 677	31 218	48 179	2 775	3 432
Welt	1954	852 300	844 000	329 100	168 000	75 800

Landnutzung der Erde (in Mill. qkm):

Erdteil	Fläche	Ackerland	Wiesen, Weiden	Mögl. Erweit. der landw. Nutzfläche	Wald	Öd- u. Unland
Europa (ohne SU.)	4,7	1,4	0,9	0,1	1,3	1,0
Asien (mit SU.)...	49,5	5,8	6,6	1,2	14,4	21,5
Afrika...........	29,8	1,9	5,0	2,0	8,8	12,1
Nordamerika	24,1	2,4	4,2	1,1	7,0	9,4
Südamerika	17,8	0,7	3,0	0,6	4,0	9,5
Austr./Ozeanien...	8,9	0,2	3,7	0,1	0,7	4,2
Antarktika	14,2	—	—	—	—	14,2
Landoberfläche ...	149,0	12,4	23,4	5,1	36,2	71,9

346

Gabriel García Márquez
HUNDERT JAHRE EINSAMKEIT

An diesem Morgen fanden sie im
Dschungel eine ovale Lichtung von
124,54 Meter Durchmesser, auf der
sie ihre Stadt gründen und sie
Maracanā nennen würden. Die Männer
begannen damit, ihre Zelte
aufzubauen, während die Frauen die
Kühe molken. Die Kühe hatten den
saftigen Rasen gefressen und gaben
an diesem Tag 123,57 Hektoliter
Milch, was den Angekommenen bei
einem durchschnittlichen
Tagesverbrauch von 1,23 Litern und
einem hitzebedingten Verlust von
8,75 Prozent der Tagesproduktion
einen …

— weniger Realität, mehr Magie!
— z.B. Einwohnern wachsen Kuhschwänze von zu viel Milch!
— Namen der Stadt überprüfen!

Dezember

23

Bloomsday

James Joyce

ULYSSES

… Noch'n Tagchen. Dann steh ich
wieder im Schatten der Tanne. Hände
leer … Magen Gans voll … Eintopf
wäre göttlich … Fleischextrakt mit
Hammelhoden … und gegen das fette
Essen: Wein von Kirke! … Graus …
morgen ganzen Tag durch die Stadt
latschen, um was für Mollydame zu
finden …

Vielleicht doch einen anderen Tag für Handlung wählen!?
Klischeegefahr zu groß!

~~Vorstellungen,~~

~~die uns die~~

~~Weltliteratur~~

~~erspart hat~~

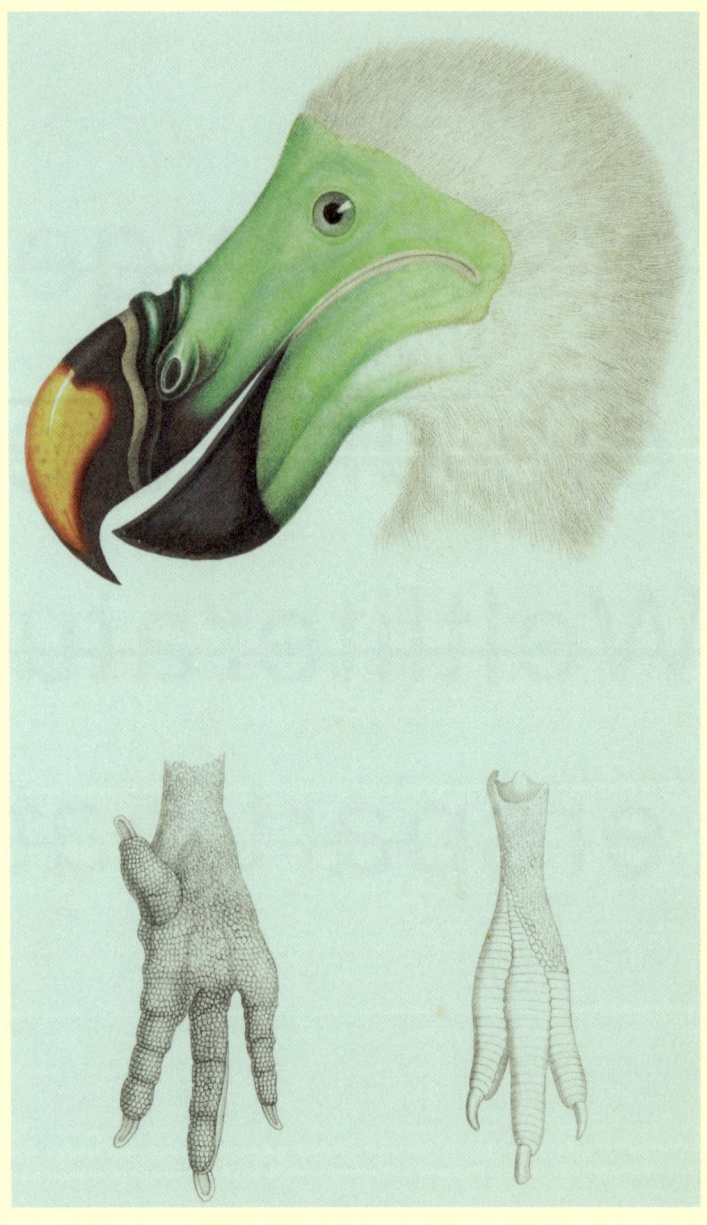

Hermann Hesse

SIDDHARTHA

~~In seiner vorigen Existenz, auf~~
~~seiner vorigen Daseinsstufe,~~
~~hatte er in den eisigen Kälten,~~
~~den zugigen Tiefen, nur kleinste~~
~~Fische hergebenden, klammen Fjorden~~
~~auf Island gelebt. Nach seiner~~
~~Wiedergeburt hatte er es beglückend~~
~~einfacher, deutlich besser getroffen.~~
Im Schatten des Hauses, in der
Sonne des Flussufers bei den Booten,
im Schatten des Salwaldes, im
Schatten des Feigenbaumes wuchs
Siddhartha auf, der schöne Sohn des
Brahmanen, der junge Falke,
zusammen mit Govinda, seinem
Freunde, dem Brahmanensohn.

Schön,
Hermann!

Bierflaschenversteck im Schnee

Karl Ove Knausgård

STERBEN

Einmal zu Silvester, <u>Sehr dünn!</u>
hab ich ordentlich was getrunken. <u>Bau Spannung auf!</u>

Was hast du getrunken?
Wo? Mit wem?   Wo hast du den
                 Stoff besorgt?

                          Wetter?
                          Nachbarn?

  Gab's ein Girl?
  Wie lange schon?
           Sah sie gut aus?
           Was für Musik hat sie gehört?
                      Was trug sie Silvester?
Straßenverhältnisse?

       FAMILIENAUFSTELLUNG!
       Oma, Opa, Mutter, Vater, Onkel, Tante!
       Haben die auch getrunken?

WAS IST VORHER PASSIERT?
– an dem Tag
– in dem Monat
– in diesem Jahr (Stichwort Krisen)

                      Was hattest du an?

Wie war Weihnachten?

Lukas
JESU KREUZIGUNG UND TOD

32

Es wurden aber auch andere
hingeführt, zwei Übeltäter, dass
sie mit ihm hingerichtet würden.

33

Und als sie kamen an die Stätte,
die da heißt Schädelstätte,
vierteilten sie ihn dort.

*Bitte mit Markus
+ Matthäus
abstimmen.
Auch wegen der
Symbolik!*

34

Jesus aber sprach: Vater, vergib
ihnen; denn sie wissen nicht, was
sie tun! Und sie verteilten seine
Teile und warfen das Los darum.

Franz Kafka
DIE VERWANDLUNG

Als Gregor Samsa eines Morgens
aus unruhigen Träumen erwachte,
fand er sich in seinem Bett
~~in einen teilrasierten Pudel~~ *zu einem*
verwandelt. *ungeheuren*
Ungeziefer

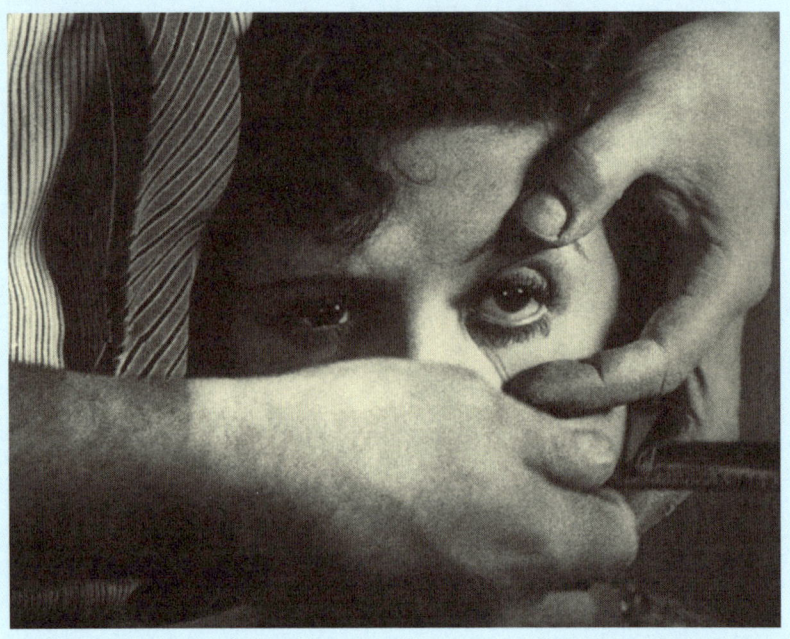

NIBELUNGENLIED, 15. GESANG

Als von des Drachen Wunden —
floss das heiße Blut

Und sich darinne badete —
der kühne Recke gut,

Da fiel ihm auf die Augen —
ein Lindenblatt so breit:

Da kann man ihn verwunden —
das schafft mir Sorgen und Leid.

Meister,
das dünket
mich
surreal.

50
FARBEN
braun

Giulia Enders

~~FÜR'N ARSCH~~

~~VOLLES ROHR GESUND~~

~~DA WO DIE SONNE NIE SCHEINT~~

~~PUPSEN IST HALB SO SCHLIMM~~

~~ALLES KACKE, DEINE ENDERS~~

DARM MIT CHARME

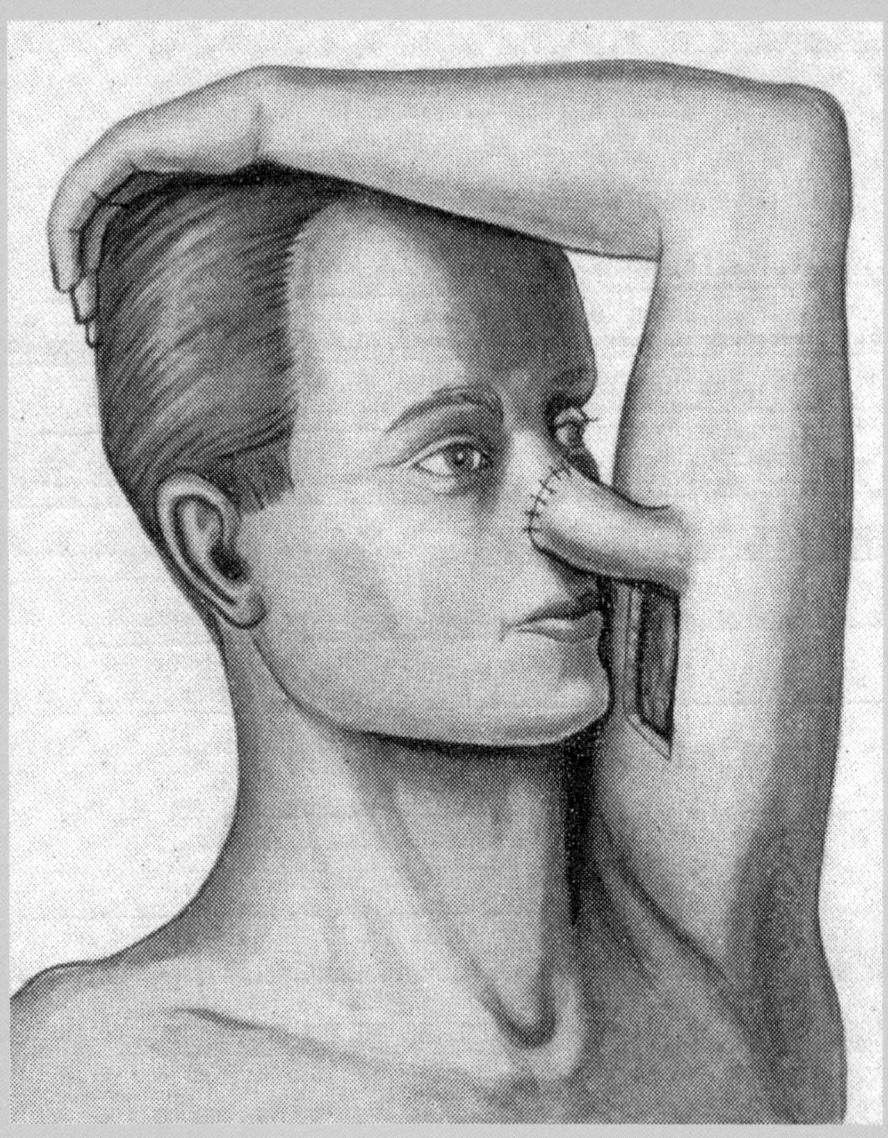

Samuel Beckett

WARTEN AUF ~~DEO~~ | | *Godot*

Landstraße. Ein Baum.

Abend.

Estragon sitzt auf der Erde und

versucht, |~~seine Nase aus seiner~~ | *seinen Schuh*

~~Achsel zu lösen~~. Erschöpft gibt er *auszuziehen*

den Versuch auf, erholt sich

schnaubend und versucht es von

Neuem.

Herman Melville
MOBY DICK

Nennt mich ~~Ingo~~. *Ishmael*

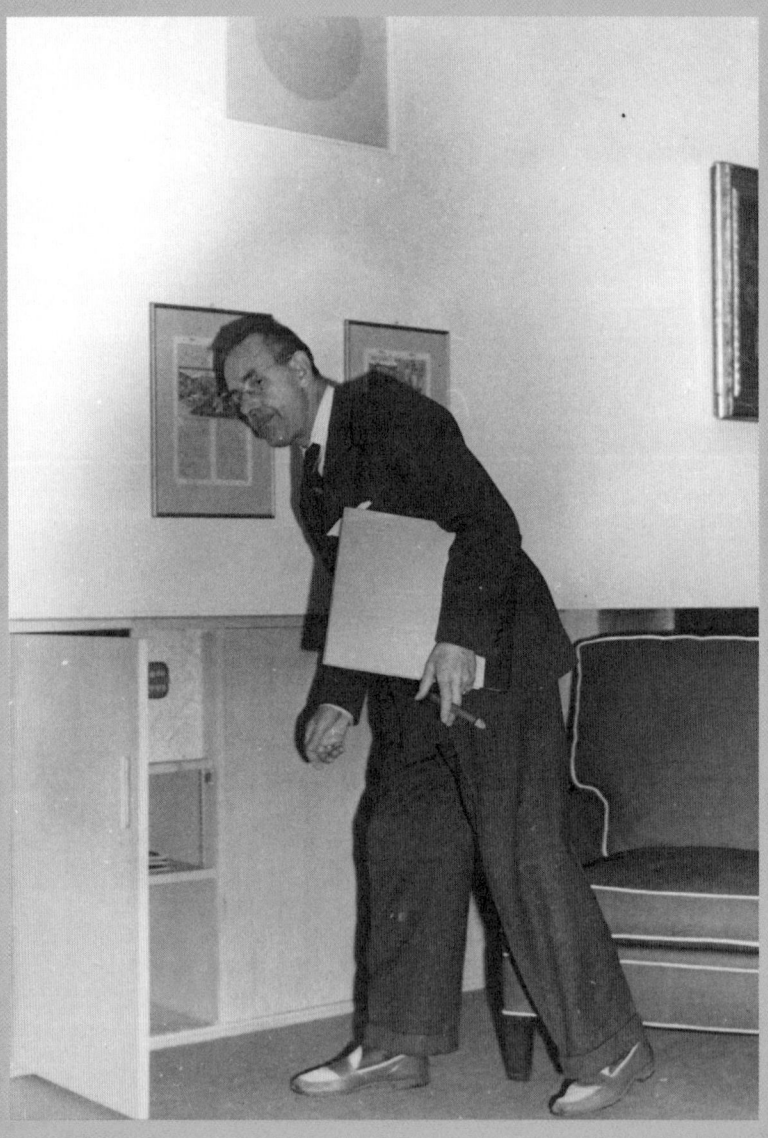

Thomas Mann

BUDDENBROOKS

Die Konsulin ~~Müller~~, neben ihrer
Schwiegermutter ~~Frau Schmidt~~ auf
dem geradlinigen, weiß lackierten
und mit einem goldenen Löwenkopf
verzierten Sofa, dessen Polster
hellgelb überzogen waren, warf
einen Blick auf ihren Gatten, der
in einem Armsessel bei ihr saß,
und kam ihrer kleinen Tochter zu
Hilfe, die der Großvater am
Fenster auf den Knien hielt.

*Prägnantere
Namen!*

Vorschläge:

*Buddenbrook, Kröger, Grünlich, Hagenström,
Schwarzkopf, Leverkühn, Mölln, Jungmann,
Weichbrodt, Pfühl, Castorp, Settembrini,
Naphta, Peeperkorn, Zeitblom, Schildknapp,
Krull …*

*Musst ja nicht alle auf einmal nehmen – leg' die
anderen auf die Seite.*

Carl Vogel

DIE LETZTE KRANKHEIT GOETHES

Die Sprache wurde immer mühsamer
und undeutlicher. „~~Fuck you~~" sollen,   „ *Mehr Licht* "
während ich das Sterbezimmer auf
einen Moment verlassen hatte,
die letzten Worte des Mannes gewesen
sein⌐. Als später die Zunge den   ⌐, *dem Finsternis in*
Gedanken ihren Dienst versagte,   *jeder Beziehung*
malte er, wie auch wohl früher,   *stets verhaßt war*
wenn irgendein Gegenstand seinen
Geist ~~wütend erregte~~, mit dem   *lebhaft ~~beschäftigte~~*
~~Mittelfinger~~ der rechten Hand ein   *Zeigefinger*
Zeichen in die Luft, erst höher,
mit den abnehmenden Kräften immer
tiefer, endlich auf die über seinen
Schoß gebreitete Decke.

J. K. Rowling

~~WILLIAM &~~ HARRY POTTER

Zwei sind einer zu viel.

BAND 1

~~DER STEIN DER WAISEN~~

DER STEIN DER WEISEN

BAND 2

~~CAMILLAS GEMÜSEKAMMER~~

DIE KAMMER DES SCHRECKENS

BAND 3

~~SOMMERURLAUB AUF BALMORAL~~

DER GEFANGENE VON ASKABAN

BAND 4

~~MIT HARRY UND WILLY AUF EINE TASSE TEE~~

DER FEUERKELCH

BAND 5

DER HALBBLUTPRINZ   *gut!*

BAND 6

~~DIE KRONJUWELEN~~

HEILIGTÜMER DES TODES

René Goscinny, Albert Uderzo

ASTÉRIX

Wir befinden uns im Jahre 50 v. Chr.
Ganz Gallien ist in Toga und Tunika
gewandet … Ganz Gallien? Nein! Ein
von nackten Galliern bevölkertes
Dorf hört nicht auf, der Kleider-
ordnung Widerstand zu leisten.

Zieht den Galliern doch bitte auch was an!

Paul Auster

832 ... 831 ... 830 ... 829 ... 828 ...

~~**DAS BUCH DER UNGLÜCKE**~~ *Mond über Manhattan*

Es war der Sommer, in dem zum
ersten Mal Menschen den Mond
betraten. Ich war damals noch sehr
jung, glaubte aber an keinerlei
Zukunft. ~~In diesem Sommer starben~~
~~in New York 832 Menschen bei~~
~~Autounfällen und 234 bei Flugzeug-~~
~~abstürzen. Das konnte kein Zufall~~
~~sein, zumal ich mit einigen von ihnen~~
~~verwandt war, ohne es zu wissen.~~
~~Ich nahm mir vor, die Geschichte all~~
~~dieser Menschen zu erzählen. Und~~
~~wie ihr Leben noch hätte aussehen~~
~~können.~~

Verschieß nicht gleich das ganze Pulver, Paul!

Ken Follet

~~DIE BRÜCKE VON AVALON~~

Die Säulen der Erde

„~~Eine Brücke~~ will ich bauen", rief

Tom begeistert aus, „~~die~~ den Wogen   *das*

der Zeit standhält und ein ewiges

Zeugnis Gottes auf Erden sowie

seiner Barmherzigkeit unter den

Menschen ist."

Think big!
„Das größte Bauwerk des
Abendlandes"!

Retusche!

Simone de Beauvoir

~~BLICK~~WECHSEL MIT SARTRE   *Brief*

Doch nicht ihn!

Simone de Beauvoir

B̶R̶I̶E̶F̶W̶E̶C̶H̶S̶E̶L̶ ̶M̶I̶T̶ SARTRE

Briefe an

Simone de Beauvoir
BRIEFE AN SARTRE

Günter Grass

DIE ~~MAUL~~TROMMEL   *Blech*

Paulo Coelho

DER ALCHIMIST

Schon Leibniz sagte: „Man muss aber
auch die Zulänglichkeit der Raison in
denjenigen Wahrheiten / welche auf
zufälligen Umständen oder auf gewissen
Begebenheiten beruhen / das ist / in
der Suite oder in dem Zusammenhange
derjenigen Dinge antreffen / welche sich
in dem allgemeinen Umfang der Ge-
schöpfe befinden / allwo die Zerglie-
derung derer besonderen Raisons so
weit zurücke laufen kann / dass man
in derselben kein Ende und keine
Schranken wahrnimmet / weil die Mannig-
faltigkeit der Dinge in der Natur
unermesslich und die Zerteilung der
Körper unendlich ist."

Ich bin wie alle Menschen: Ich sehe die
Welt so, wie ich sie gerne hätte,
und nicht so, wie sie tatsächlich ist.

*Lieber Paul Kohl,
nicht das Zitieren, sondern das Zitiert-Werden
sei Ihr Begehr!*

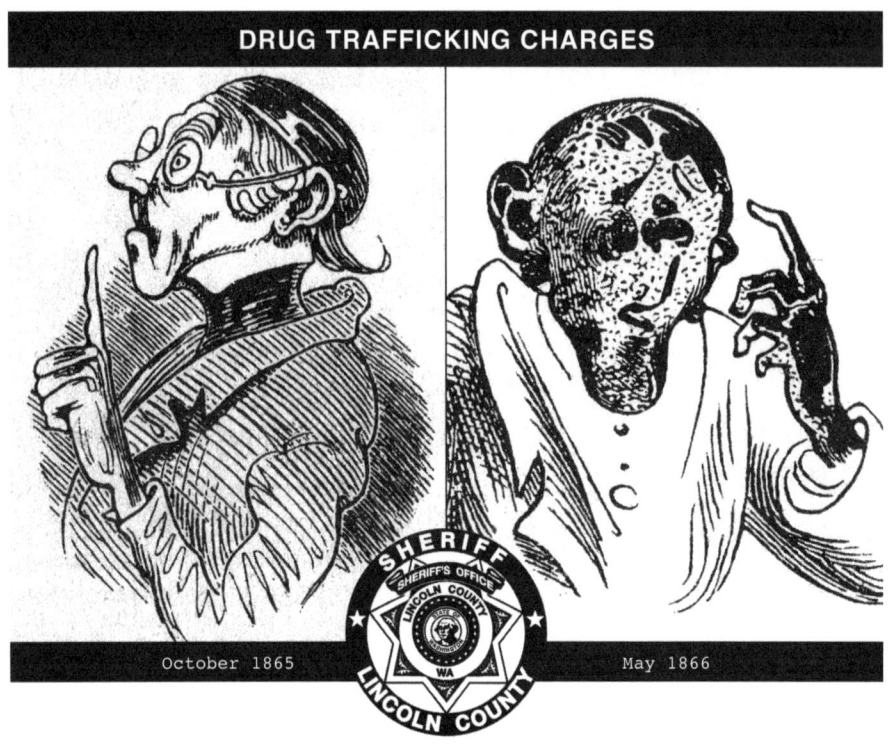

Wilhelm Busch

MAX UND MORDFRITZ

Nun war dieser brave Lehrer

Von dem ~~Cracke~~* ein Verehrer,

Was man ohne alle Frage

Nach des Tages Müh und Plage

Einem guten, alten Mann

Auch von Herzen gönnen kann.

Eben schließt in sanfter Ruh

Lämpel seine Kirche zu.

Tabak

(* Das Zeug ist gut,
ich geb es zu –
nur unter uns,
und du gibst Ruh!)

Komm, Wilhelm, wir machen einen Deal!

1. Die Figur heißt „Moritz", nicht „Mordfritz".

2. Der Spitz wird nicht „mit einem Schusse kaltgestellt /
und sagt Lebwohl zu dieser Welt".

3. Der Schneider findet kein „nasses Grab / und steigt
durchnäßt zur Höll' hinab".

Dafür können die Käfer im Bett bleiben und die beiden
werden am Ende zerhäckselt.

Einverstanden?

Theodor Fontane

HERR VON RIBBECK AUF RIBBECK IM HAVELLAND

So klagten die Kinder. Das war nicht recht.

Ach, sie kannten den alten Ribbeck schlecht.

Der neue freilich, der knausert und spart,

Hält Park und Birnbaum strenge verwahrt.

Aber der alte, vorahnend schon

Und voll Misstraun gegen den eigenen Sohn,

Der wusste genau, was damals er tat,

Als um die Enterbung den Notar er bat.

Und im dritten Jahr aus dem stillen Haus

Kam der Geist des Alten um Mitternacht raus.

Und zeigte dem Jungen in dreierlei Weise

Wie weitergehen würde des Lebens Reise.

Da wurde dem Jungen ums Herze so bang,

dass er sich tagsdrauf am Birnbaum erhang.

Und wo einst die Früchte herzlich glänzten

nun Kinder beim Anblick der Leiche die Schule schwänzten.

So spendet denn Segen ein einziges Mal

Der *junge* Ribbeck auf Ribbeck im Haveltal.

Viel zu negativ!
Was, wenn der Geist den Jungen umstimmt?

Vladimir Nabokov

LOLITA

Das Zepter meines Lebens wurde von
Lolitalein auf so energische,
sachliche Weise gehandhabt, als sei
es ein fühlloser Mechanismus ohne
Beziehung zu mir. In ihrem Mundwinkel
hing stets lässig ~~eine Zigarette~~, *Lolli*
während sie mir mit den Umgangsformen
abgebrühter Jugendlicher imponieren
wollte. Jedoch war sie nicht auf den
Unterschied der Maße eines Knaben
und meiner gefasst.

*Rauchende Kinder?
Kriegen wir nicht durch!*

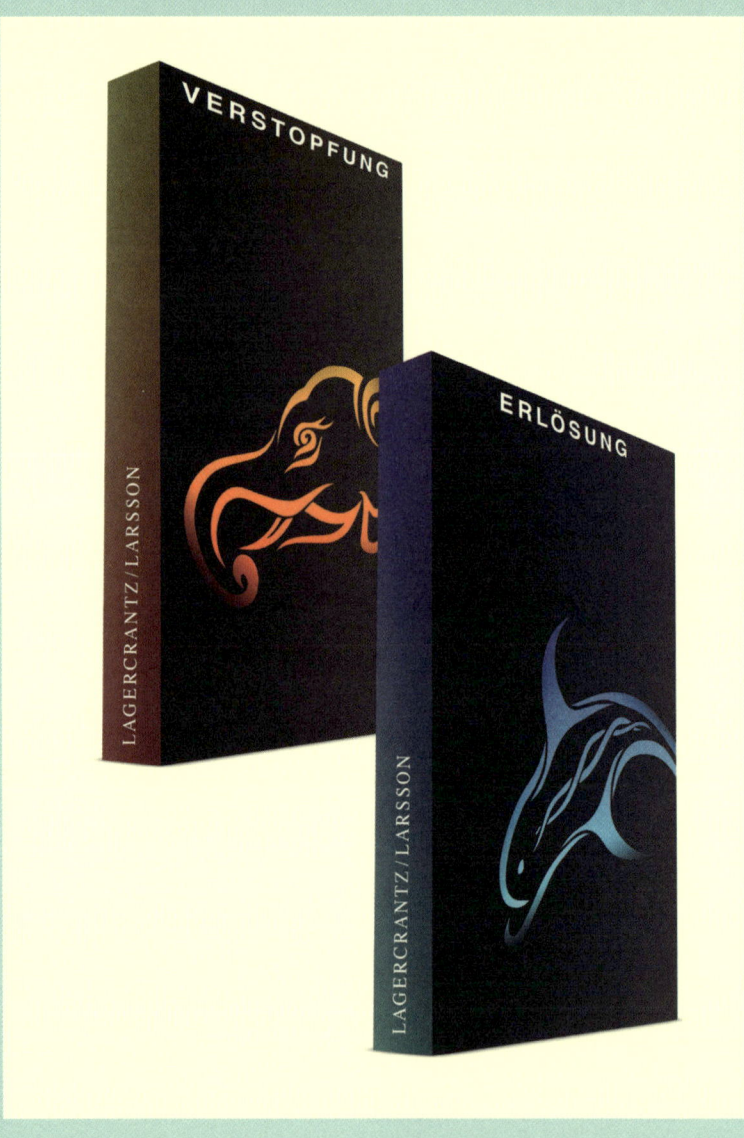

Stieg Larsson, David Lagercrantz

MILLENNIUM ...

VERBLENDUNG

VERDAMMNIS

VERGEBUNG

VERSCHWÖRUNG

~~**VERSTOPFUNG**~~

~~**ERLÖSUNG**~~

Drånbleiben, David!

Patrick Süskind

⌐ **PARFUME ~~ROYALE~~** ⌐ Das

Lieber Patrick,

ich habe es jetzt auf allen Kanälen
versucht. Hast du dich wieder in
deiner Höhle vergraben?
Die Marketingabteilung findet die
Idee mit dem Geruchsbuch zu teuer.
Ich sehe auch ohne Parfümierung
noch Erfolgschancen. Wir machen
einen historischen Roman draus.
Francois Grenouille ist kein „Stenz",
sondern ein Mörder!
Und das Ganze riecht mehr nach
Monaco als nach München.

Mary Shelley

FRANKENSTEIN

„Seine Glieder waren ebenmäßig, und
seine Züge hätten schön sein sollen.
Schön! Großer Gott! Seine gelbliche
Haut bedeckte kaum das Geflecht aus
Muskeln und Arterien darunter.
Sein Haar war glänzend schwarz und
lang, seine Zähne weiß wie Perlen,
aber diese Pracht bildete einen um
so erschreckenderen Kontrast zu
seinen wässrigen Augen, die beinahe
dieselbe Farbe wie die schmutzig
grauen Höhlen hatten, in die sie
eingesetzt waren, zu seiner welken
Gesichtsfarbe und seinen schmalen
schwarzen Lippen."
Hätte Leim ein besseres, ein an-
sehnlicheres Resultat geliefert?

*Kannste vergessen –
sieht zwar besser aus,
hält aber nicht.*

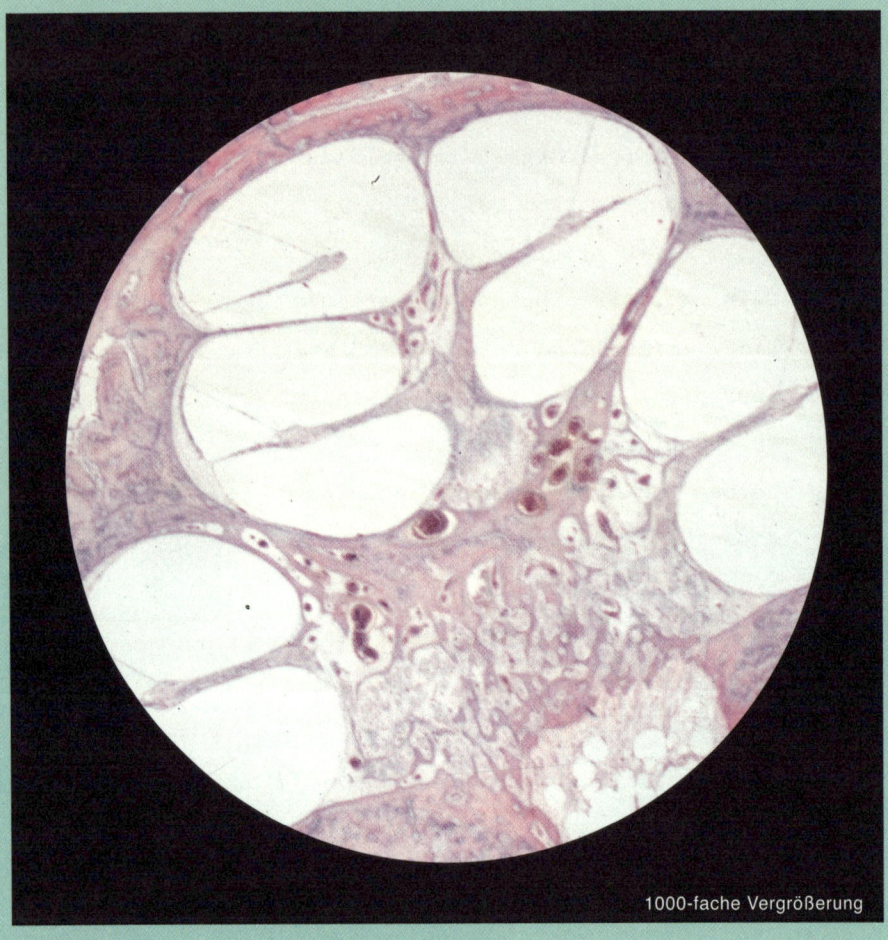

1000-fache Vergrößerung

Erich Maria Remarque

IM WESTEN NICHTS NEUES

Wir lagen neun ~~Meter~~ hinter der   *Kilometer*
Front.
                                       Zu nah!

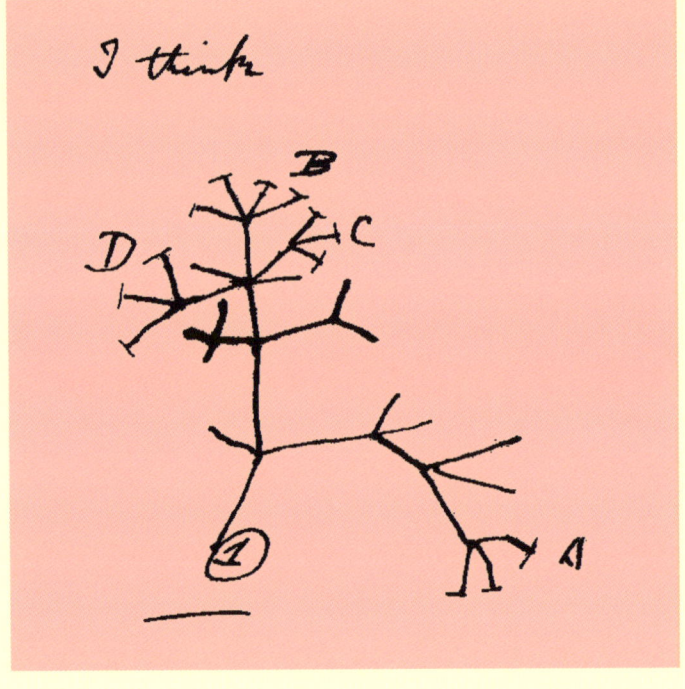

Erwin Thoma

DIE GEHEIME SPRACHE DER BÄUME

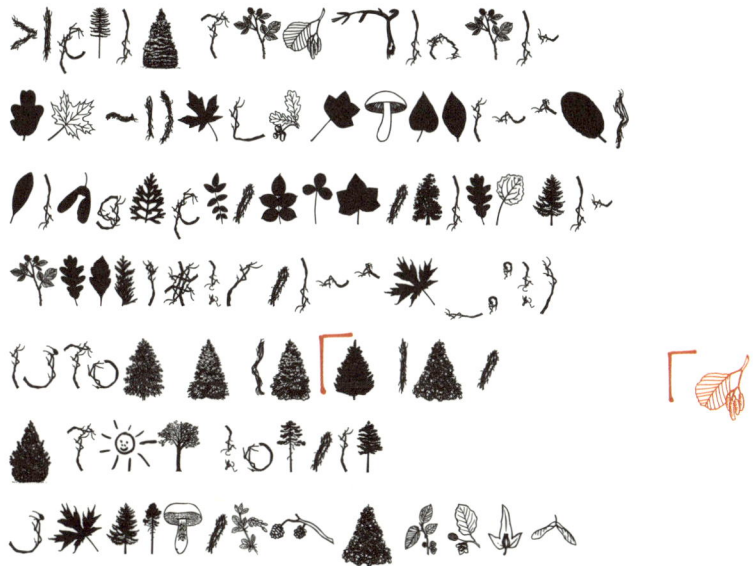

Fjodor Michailowitsch Dostojewski
SCHULD UND SÜHNE

Mitten im Zimmer neben der ermordeten Pfandleiherin stand Lisaweta, ein grosses Bündel
in der Hand, und blickte, starr vor Entsetzen,
auf ihre ermordete Schwester hin. Raskolnikow
stürzte mit dem Beile auf sie zu. Sein
Schlag traf sie mitten auf den Schädel und
hieb mit einem Male den ganzen oberen Teil
der Stirn fast bis zum Scheitel durch. Sie
stürzte sofort zu Boden. Raskolnikow wusste
einen Augenblick gar nicht recht, was er tat:
Er ergriff ihr Bündel und warf es wieder von
sich; dann lief er ins Vorzimmer. Dort war
in der Zwischenzeit eine Blaskapelle herein-
gekommen, die der Pfandleiherin ein Ständ-
chen bringen wollte. Raskolnikow hieb einen
Musiker nach dem anderen entzwei. Weil die
Toten den Ausgang versperrten, nahm er den
Weg durch die Hintertür, die hineinführte in
die benachbarte Piroggenfabrik, wo grade die
Mittagsschicht ihren Dienst antrat.
Raskolnikow kam wie ein Axtsturm über die
gut 80 Arbeiterinnen und Arbeiter.

Viel langsamer aufbauen!
Vielleicht klaut er als Kind erst mal eine Schokolade.

Epilog

DEM LESENDEN AUGE VERBORGEN –

Anmerkungen zur Arbeit und den Spuren des Optischen Lektors in der Weltliteratur

Die vorangegangenen Seiten zeigen das Unsichtbare, Getilgte, die vergessenen Wege, auf denen Autorinnen und Autoren aller Zeiten den Weg zum Weltruhm beschritten, weil der OL sie sicher leitete.

Thomas Mann notiert in seinen Tagebüchern, er habe den OL in einem „lockeren Moment" im Grandhotel „Waldhaus" in Sils Maria einmal gefragt: „Wie machst du das eigentlich?"

Der OL antwortete — „als habe er seit Jahrtausenden auf diese Frage gewartet" (Mann) — mit der berühmt gewordenen Aufzählung: „Einfühlung, Fachwissen, Fantasie, Qualitätsbewusstsein, Verstand, Charakter, Kürzungswille, Marktforschung".

Diese sog. EFFQVCKM-Formel gilt seitdem als das Erfolgsrezept nicht nur für die Arbeit von Lektoren, sondern für jede Form verlegerischen und kaufmännischen Handelns schlechthin.

Auf den folgenden Seiten seien einige Beispiele genannt und erläutert, die die allumfassenden EFFQVCKM-Fähigkeiten des *OL* dokumentieren: ihre Höhepunkte wie auch ihre dunklen Stunden.

Wie folgenreich selbst kleinste Korrekturen sein können, zeigt der Fall **ULYSSES**[S. 60]. Die erste Fassung des Romans fand auch deshalb zunächst keinen Anklang, weil Joyce die Handlung an einem Tag stattfinden lassen wollte, „an dem alle Menschen untröstlich, gehetzt, gereizt sind": dem 23. Dezember.

Der *OL* riet Joyce wegen der Klischeegefahr von diesem Datum ab. Um seinen Vorschlägen die nötige dramatische Wirkung zu geben, bündelte er sie in einem Telegramm, das er Joyce am 16. Juni 1904 schickte:

Sommer besser! Dann können Figuren draußen rumlaufen!

Joyce war vom Vorschlag des *OL* so begeistert, dass er spontan entschied, den Tag, an dem er das Telegramm erhielt, zum Handlungstag seines Romans zu machen. Nachdem er diese weltliterarisch bedeutsame Entscheidung getroffen hatte, gelang Joyce zudem ein

Vorstoß bei Nora Barnacle, die er einige Tage zuvor kennengelernt hatte und die er schließlich 1931 heiraten sollte. Auf den Fotos der Hochzeit sucht man den *OL* vergebens. Er musste das ihm angetragene ehrenvolle Amt des Trauzeugen ablehnen, weil er sich in umfassenden Korrekturarbeiten an Robert Musils „Mann ohne Eigenschaften" befand.

Auch wenn die Arbeit des *OL* Ehen stiften kann, so sei doch nicht verschwiegen, dass sie mitunter auch Freundschaften zerstört. Wie die seinige mit Ernst Jünger. Ausgangspunkt für das Zerwürfnis war eine Anmerkung des *OL* zu einer Stelle in Jüngers **IN STAHLGEWITTERN** [S. 54]. Dort schildert der passionierte Käfersammler, wie er durch den spontanen Verzehr eines Käfers der Gattung *armenosoma atrum* und die daraus resultierende berauschende Wirkung einen nie gekannten Kampfeseifer im Schützengraben verspürte. Dass der Käferpanzer laut Jünger nach „Schokolade" schmeckte, führte zu der soldatischen Wortprägung „Panzerschokolade" für die heute als Crystal Meth bekannte Substanz, der unter anderem die amerikanische Fernsehserie „Breaking Bad" gewidmet ist. Inwieweit der *OL* sich der Tragweite seiner Bemerkung „Panzerschokolade — was soll das denn sein?" bewusst war, ist nicht überliefert.

Allerdings endete seine Zusammenarbeit mit Jünger mit den „Stahlgewittern", was Jüngers Werk — so einige namhafte Kritiker — durchaus anzumerken ist. Jünger, der den Bruch mit *OL* zeitlebens nicht überwinden konnte, blieb beständig auf der Suche nach „Rauschgefährten" und fand sie in Albert Hofmann, dem Erfinder des LSD, in Doors-Sänger Jim Morrison und in seinen späten Jahren in Harald Juhnke und Hildegard Knef.

Wie sehr es dem *OL* tatsächlich aber an Ausgewogenheit und Harmonie nicht nur in Texten, sondern in allen menschlichen Angelegenheiten ankommt, zeigen die zahlreichen Briefwechsel, die er begleitend zu seinen Korrekturarbeiten führte. So lautet ein Brief an John Lennon:

Lieber John,
sage Paul, Ringo und George bitte, dass sie unrecht haben. Es heißt „Yoko", nicht „Joker", und es gibt keinen Grund, unsere langjährige Zusammenarbeit wegen dieses Details infrage zu stellen.

Worauf Lennon mit dem berühmten Telegramm antwortete:

Nächste Woche: London! Komm aufs Cover v. Abbey Road!

Auf St. Pepper sahst du von allen am besten aus.

Love J.

Dass der *OL* darauf verzichtete, ein zweites Mal auf
einem Cover der wohl berühmtesten Popband der Welt
in Erscheinung zu treten, zeigt einmal mehr sein zu-
rückhaltendes Wesen.

Überhaupt sind es gerade die Briefwechsel, die einen
Einblick in die jahrzehntelangen Arbeitsverhältnisse
zwischen den AutorInnen und *OL* geben, wobei der Aus-
tausch bei aller herzlichen Vertrautheit — beinahe
schon sprichwörtlich ist das „Schön, Hermann" in den
Korrekturen zu Hesses **SIDDHARTA** [S. 60] — nie die Grenzen
der Professionalität überschritt.

Stattdessen pflegt der *OL,* wie Friedrich Nietzsche aus
der Erfahrung der Zusammenarbeit mit ihm formulierte,
ein „Pathos der Distanz".

Dass dabei jedoch persönliche Befindlichkeiten nie ganz ausgeblendet werden können und oft durch die zu Lektorierenden in die Arbeitsbeziehung hineingetragen werden, zeigen die Beispiele der Briefwechsel mit Christian Morgenstern und Heinz Ehrhardt. Letzterer hatte in einem sehr persönlichen Liedtext seinem Lebensüberdruss freien Lauf gelassen:

Ich bin immer so traurig,

das Leben ist so schaurig,

ich bin immer so schlecht drauf,

das Leben regt mich auf.

Ich bin immer so melancholisch,

und sitz allein am Tisch,

ich bin zu korpulent, das ist mein Missgeschiss.

Buhuuuuuu buhuuuhuuuuuuuuu

Kopf hoch, Heinz!
Und ab und zu mal einen Korn!

Dem *OL* genügen zwei lebenskluge Zeilen, um Ehrhardt sowohl zum Überwinden seiner Krise als auch zu einem seiner größten Gassenhauer zu verhelfen, dem Lied „Immer wenn ich traurig bin / trink ich einen Korn".

Die Arbeit mit Heinz Ehrhardt fällt in jene Phase des sog. „transatlantischen Spagats" des *OL*, der zeitgleich die Werke der Gruppe 47 und die literarischen Anfänge der Beat Generation betreute, als deren „Tambourmajor" der *OL* heute gilt. Dieser Status wird insbesondere durch seine Korrespondenz mit Jack Kerouac dokumentiert, die zunächst auf einer Papierrolle geführt wurde, die die beiden hin- und herschickten. Die Papierrolle wurde schließlich durch Postkarten ersetzt (um einerseits die immensen Portokosten für den Versand der stetig wachsenden Rolle zu senken, andererseits auch, weil diese zunehmend Schaden durch den Postversand nahm). Nachdem die Ur-Textrolle lange Zeit als verschollen galt, erzielte sie vor einigen Jahren auf einer Versteigerung eine Rekordsumme von über zwei Millionen Dollar. Die von Kerouac während einer ausgedehnten Amerikareise abgeschickten Postkarten dokumentieren das Zustandekommen der Eingangszeilen von Kerouacs „On the Road".

Chicago

Lieber OL,

eine neue Passage von unterwegs.

Das erste Mal traf ich Neal kurz nachdem mein Vater
gestorben war ich hatte gerade eine schwere Krankheit
hinter mir von der ich gar nicht groß reden will bloß
dass sie mit dem Tod meines Vaters zu tun hatte und
mit dem scheußlichen Gefühl dass alles tot war

Fahren nun weiter.

Jack K

Hit the road, Jack!

Gib Neal ein Pseudonym.
Außerdem: Mehr Sex, Drugs und Rock 'n' Roll!

Liebe Grüße
dein OL

  Denver

Lieber OL,

habe die Passage überarbeitet:

Das erste Mal traf ich Tom, kurz nachdem meine

Frau gestorben war Ich hatte gerade die Syphilis

überstanden recht unappetitlich und einhergehend mit

dem Gefühl dass alles tot war auch untenrum.

Was meinst du?

Noch unterwegs.

Jack K

Jacki-o!

Nenn Neal Dean. Die Syph. ist zu explizit. Lieber
weniger Sex, weniger Tod, mehr Gefühl (um die
Interpunktion kümmere ich mich dann).

Liebe Grüße
dein OL

New Orleans

Lieber OL,

ein neuer Anlauf.

Ich begegnete Dean das erste Mal nicht lange nachdem meine Frau und ich uns getrennt hatten. Damals hatte ich gerade eine schwere Krankheit hinter mir, über die ich hier nicht weiter reden will, außer dass sie etwas mit der elend lästigen Trennung zu tun hatte und meinem Gefühl, das alles tot war.

Der Bus kommt gleich,

Jack K

Hey Jack,
so machen wir's!
Gute Reise weiterhin und grüß mir Neal
OL

Komplizierter stellte sich das Verhältnis zu
Christian Morgenstern dar. *OL,* seit jeher für seinen
„sechsten poetischen Sinn" bekannt, trieb Morgenstern
regelrecht zu einem neuen Stil zwischen philosophi-
scher Tiefe und beinahe alltagssprachlichem Witz.
Dieser Witz war Morgenstern, dessen Sprache vorwiegend
von Wetter und Umgebung beeinflusst wurden, orts-
abhängig nicht gegeben. Morgenstern schlugen klimati-
sche Bedingungen nicht nur auf Gemüt und Inspiration,
sondern auch — wie sich in den ersten Versionen des
ästhetischen Wiesels zeigt — auf seine Gesundheit;
plagte ihn doch bei feuchter Umgebung seine
Tuberkulose umso mehr.

Über die düstere Stimmung hinaus ist bis in quasi
identische Verse hinein die Nähe zu Benns Morgue-
Gedichten zu belegen. Der *OL* riet Morgenstern dazu,
sich der Morbidität durch eine „Ästhetisierung" und
durch Reime zu entziehen, und empfahl zwischen den
Zeilen mehr Sonne.

Kristiania, November 1898

Guten Morgen, OL

— oder Mittag, oder Abend,

was weiß denn ich, es ist ja immerzu dunkel.

Grüße auch von Henrik.

Dein Christian

DAS MALADE TIER

Das Tier

saß in der Charité

und trank kaltes Blut.

Ihr wisst

wes

halb.

Der Doktor zeigt uns

sein Inneres:

Speiseröh-

re löchrig.

Schöne Jugend.

Berlin, Februar 1899

DAS KRÄNKELNDE WIESEL

Ein kränkelndes Wiesel
Saß in der Charité
im Kaffe
und trank: Anis-Kümmel-Tee.

Ahnt ihr schon halb
weshalb?

Es verrät es uns im
Stillen:

Das kranke
Tier
tat´s um der Blähung willen.

Bist du irgendwie sauer? Ästhetischer ist das nun nicht! Südtirol im Frühling soll ganz schön sein.

Sonnige Grüße
OC

Meran, Mai 1899

DAS ÄSTHETISCHE WIESEL

Ein Wiesel

saß auf einem Kiesel

inmitten Bachgeriesel.

Wißt ihr

weshalb?

Das Mondkalb

verriet es mir

im Stillen:

Das raffinier-

te Tier

tat's um des Reimes willen.

Auf baldi

Chrissi

Schon zuvor hatte der *OL* die Weichen für einen markanten Stil gestellt: bei Heinrich Heine [S. 32], der seine Karriere unter seinem Geburtsnamen Heiko Heine begann. Nach einem mehrmonatigen Studentenaustausch zwischen seiner Heimatstadt Düsseldorf und Tokio, bei dem Heine mit der japanischen Küche (insbesondere der Zubereitung von Aal-Sushi), der japanischen Kultur und ihren Literaturgattungen bekannt wurde, nannte er sich „Haiku Heine" und dichtete nach den strengen Regeln der Gattung „Haiku" dreizeilige, siebzehnsilbige Gedichte. Der *OL*, der in Heine eines der größten literarischen Talente des 19. Jahrhunderts sah — worin ihn die heutige Literaturwissenschaft bestätigt —, machte Heine einen Vorschlag, dessen Umsetzung nicht nur dessen Werk, sondern die ganze Epoche kennzeichnen sollte: Er riet zu „Ironie". Der sofort von Heine aufgegriffene Fingerzeig verbreitete sich nicht nur als „romantische Ironie" unter den sog. Romantikern wie Brentano, Novalis, Schlegel. Einige von ihnen unterzogen sogar ihre frühen Werke einer nachträglichen „romantischen Ironisierung".

Als ähnlich epochemachend sollte sich die Aufforderung des *OL* an Gabriel García Márquez [S. 58] erweisen. Márquez, der bis dahin durch „hyperrealistische" sozialkritische Langzeitstudien über die Arbeitswelt der kolumbianischen Landbevölkerung aufgefallen war, griff begierig jede Anregung des *OL* auf. Insbesondere die, seinen Texten eine gehörige Portion „Magie" beizumischen. Die Randnotizen des Optischen Lektors auf der ersten Seite des Manuskripts von „Hundert Jahre Einsamkeit" müssen deshalb als die Geburtssekunde des „Magischen Realismus" betrachtet werden, der von Lateinamerika aus seinen Siegeszug begann – und bis ins Werk von Paul Auster hineinreicht, auf das der *OL* ebenfalls ordnenden Einfluss nahm. Ursprünglich plante Auster Anfang der 1980er Jahre einen über 8000 Seiten umfassenden Monumentalroman mit dem sperrigen Titel 832... 831... 830... 829... 828 – DAS BUCH DER UNGLÜCKE [S. 88].

Der *OL* erkannte sofort, dass Auster hier „sein ganzes Pulver auf einmal verschoss" und der Markt noch nicht bereit war. Deshalb riet er Auster dazu, das Werk unter unterschiedlichen Titeln und über Jahre gestreckt zu veröffentlichen. Auster willigte ein, und zwar auf einem damals noch unbekannten Weg. Am 1.8.1984 ließ er einen Freund in Massachusetts eine

elektronische Nachricht an die Universität Karlsruhe
schicken, wo sich Deutschlands erster Mailserver
befand. So ist Austers Botschaft an den *OL* nicht nur
literaturgeschichtlich, sondern auch mediengeschicht-
lich von Bedeutung, ist sie doch die erste E-Mail,
die in Deutschland empfangen wurde.

Unterzieht man die stilprägenden und epochemachenden
Eingriffe des *OL* einer genaueren Betrachtung, so fällt
auf, dass er sich vor allem zweier Arbeitsweisen
bedient: der blanken Streichung und der subtilen Hin-
führung. Angesichts des feinen Instrumentariums,
das die für Konrad Duden entwickelten Korrekturzeichen
bieten, wirken diese beiden Eingriffsweisen — wie
schon Martin Heidegger in einem Kommentar zu den Korrekturen des *OL* an „Sein und Zeit" vermerkte — „wenig
fein-sinnig".

Womit zwangsläufig die wohl folgenschwerste Streichung
genannt sein muss, die der *OL* vornahm: die Streichung
der Autorinnenbiografie in der ersten Ausgabe der Werke
Shakespeares [S. 44]. Nachdem der *OL* jahrelang mit Shakespeare zusammengearbeitet und an freien Wochenenden
Hauptrollen in ihren Stücken übernommen hatte, war er
so von deren Wirkkraft überzeugt, dass er Shakespeare

davon überzeugen konnte, „nur die Texte sprechen zu lassen" und auf jede Hintergrundinformation zu ihrem Leben zu verzichten. Der bis heute anhaltende Erfolg von Shakespeares Stücken gibt dem *OL* zwar teilweise Recht. Zugleich steht Shakespeare mit Denise Diderot, Gustave Flaubert („Madame Bovary") und vielen anderen in jener unglücklichen Reihe von Autorinnen, die bis heute für einen Mann gehalten werden — auch wenn ihren Werken schon bei oberflächlicher Lektüre anzumerken ist, dass sie eigentlich nicht von einem Mann stammen können.

Ein solches intuitives Erkennen von verborgenen fehlerhaften Strukturen in einem Text nannte der *OL* in seinem Briefwechsel mit Albert Einstein die „spukhafte Fernwirkung" und das „Mitschwingen des Unsichtbaren" in jedem Text.

In diesen Bereich des Nicht-Sichtbaren immer wieder vorzustoßen, ja regelrecht darin zu Hause zu sein, muss als das eigentliche Genie des *OL* betrachtet werden. Gottfried Benn bezeichnete diesen Ort als „Olymp des roten Stiftes" und „Eigenheim des Subtextes".

Wie gekonnt der *OL* jenen Subtext zu lesen vermag und
wie elegant er daraus seine Geistesblitze ableitet,
zeigt der Briefwechsel mit Jonathan Franzen:

Lieber OL,
noch immer bin ich unentschieden, welchen Titel wir
wählen sollten. Anbei schon mal die Korrekturen —

Lieber Jonathan,
„Die Korrekturen" ist ein Spitzentitel!

Den Korrekturen, aber ebenso der verschwundenen,
unsichtbaren Welt in jedem Text — den Menschen, die
Autorinnen und Autoren inspirierten, die Texte ab-
schrieben, verbesserten, setzten, Bücher druckten,
verkauften, schmuggelten, bewahrten, empfahlen,
weiterdachten, vorlasen — sei dieses Buch mit einem
stillen Lächeln des *OL* gewidmet.

Bibliografische Information der Deutschen Nationalbibliothek
Die Deutsche Nationalbibliothek verzeichnet diese Publikation in der Deutschen Nationalbibliografie; detaillierte bibliografische Daten sind im Internet über http://dnb.dnb.de abrufbar.

Das Wort **Duden** ist für den Verlag Bibliographisches Institut GmbH als Marke geschützt.

© Duden 2018   D C B A
Bibliographisches Institut GmbH, Mecklenburgische Straße 53, 14197 Berlin

Redaktionelle Leitung: Juliane von Laffert
Konzeption, Text und Layout: Thomas Böhm, Philipp Graf, Janine Stratmann
Herstellung: Ursula Fürst
Umschlaggestaltung: Petry & Schwamb, Freiburg / studio stg, Berlin
unter Verwendung des Gemäldes „Poker Game" von C. M. Coolidge, 1894
Umschlagabbildung: © iStock (George Marks)
Druck und Bindung: Pustet Grafischer Großbetrieb, Gutenbergstraße 8, 93051 Regensburg

Printed in Germany
ISBN 978-3-411-71134-5
www.duden.de